キリスト教の終活のおはなし

水野健［著］

いのちのことば社

絵=ひぐちけえこ
デザイン=木村 楓

はじめに

「人生の下山の時」
　人生を山登りにたとえることができます。
　私は64歳になってから、ひとりの生活になりました。何かに挑戦しようと思い、友人と山登りをしてみようと思い立ちました。富士山にも何回か登りました。登り始めには先が見えないのですが、何かがあることを信じて何時間も息を切らしながら必死で登ります。どの山も2000メートルを超えると景色が変わります。これまでの人生で見たことのない景色が見られます。これが醍醐味なのです。しかし、いつかは下らなければなりません。
　人生も同じようなところがあります。これまで自分の人生に目標を立て、それを目指して努力してきました。必死でした。忍耐が必要でした。しかし、いつかは引退し、下らなければなりません。下るのは年齢の真ん中ということではありません。それぞれの考え方、感じ方によるでしょう。しかし、ずっと登っている人は、自分の下から登ってくる若い人の邪魔になってしまいます。道を開けて、ゆずることが必要となります。
　私たちには、いつか人生の下山の時がきます。これまで何かを得るために目標を目指して登ってきましたが、次は得るというよりも、これまでの人生で得たものを熟成させる時期になるわけです。下山は成熟期に向かっていると言えるのかもしれません。頂上に立つと、今まで歩いてきた道を振り返ることができます。下りていくときには、一心に登ってきたときには気づかなかった景色が見えてきます。下るときには、ゆっくりと下ります。これまでとは違う足取りになるでしょう。周りの景色を楽しみ、次に登ってくる人を励ますことができるでしょう。共にいる人と楽しい会話もできるでしょう。登ってきたときよりも、楽しむことができるのではないでしょうか。
　山登りをしている人に、「上りと下りとどちらが楽しいですか」と尋

ねると、ほとんどの人が「下り」と答えます。そうです。人生の下りを歩いている人にとっても、今が人生で一番良く、楽しい時なのです。もう山登りの下りの最後と感じておられる人にとっては、神が私たちのために家を用意しておられるということが慰めです。

　これからお話しする「キリスト教の終活」は、この人生の下山について考えることです。この本を通して、自分の人生を振り返り、良きものを新たに発見し、生きてきて良かったと思うような、人生のまとめができるように、と願います。

　「どうか教えてください。自分の日を数えることを。
　そうして私たちに　知恵の心を得させてください。」
（詩篇90篇12節）

もくじ

はじめに　3

第1章　自分の死を考える　9

1　日本の現状──あなたは何歳まで生きますか？　9

　平均寿命を考える　9
　年齢別生存率から考える　10
　健康寿命と認知症という壁　11
　ヒゼキヤ王から考える　11

2　死について考える　12

　死は終わりではない　12
　死を受け入れる　13

3　終活に必要な力　14

　終活には様々な力が必要である　14
　人生を統合する力を用いる　14
　振り返りから宝を見つける　15
　瞑想をすること　16

4　エンディングノートを書いてみる　17

　書けなかったエンディングノート　18
　自分の人生を振り返ってみる　19
　自分の人生のストーリーをまとめる　19

5 自分の最期は──終末医療について　20

　　死に方は選べない　21
　　延命処置を考える　21
　　後見人の代理意思　22

第2章　自分の葬儀を考える　23

1 葬儀の実際　23

　　一日葬が増えている　23
　　習俗、風習の変化　24
　　自分たちで考える自分の葬儀　25
　　増えている直葬　25

2 葬儀の歴史から考える　26

　　中世以前には葬儀が希薄だった　26
　　キリシタンと葬儀　27

3 葬儀社に頼らない葬儀　28

　　赤ちゃんの葬儀　28
　　自分たちで行う葬儀　28

第3章　自分の埋葬、墓を考える　30

1 はかない話（墓ない話）　30

2 墓を継ぐ人がいない──墓じまいの増加　31

3 埋葬にもいろんな形がある　31

　　永代供養墓　32

納骨堂　32
　　　樹木葬　32
　　　散骨　32
　　　遺骨を持ち帰らない　33
　　　教会共同墓地・教会納骨堂　33

4　埋葬について歴史から考える　34

　　　骨上げ、収骨の違い　34
　　　墓地への納骨について　35
　　　逆さまになった骨壺の謎　36
　　　埋葬の自由　37
　　　心が大事　37

第4章　遺される人のために……39

1　物の整理について　39

　　　健康寿命を考える　39
　　　突然襲う「寝たっきり」　39
　　　どうして捨てられないのか　40
　　　愛着の問題をどうするか　40
　　　整理、片づけ　41
　　　写真はアルバム一冊に　42
　　　部屋の整理は心の整理に　42

2　相続をどうするか　42

　　　急にお金が舞い込む二つの方法　42
　　　聖書の教え　43
　　　財産をどのようにするか　44
　　　遺贈の考え　45

難しいのは不動産　　45
　　　相続する人のために目録を作っておく　　45

3　最も大切な「ありがとう」を残す　　46
　　　最も大切で難しい言葉　　46
　　　きちんと「ありがとう」の言葉を　　47
　　　私の母の「ありがとう」　　47
　　　愛する人への最後のことば　　48

4　遺された者のグリーフ・ワーク　　49

　　　あとがき——人生を味わう　　54

第1章　自分の死を考える

1　日本の現状──あなたは何歳まで生きますか？

平均寿命を考える

　高齢者時代になりました。100歳以上の人が2023年で9万人を超えました。調査が始まった60年前の1963年には153人しかいませんでした。
　さて、あなたは何歳ぐらいまで生きたいとおもっていますか。また実際に、何歳まで生きると考えていますか。
　全人口の65歳を超える人の割合は28.7％。4人に1人以上が高齢者になりました。平均寿命は男性81.05歳、女性87.09歳です（2023年の厚労省資料による）。女性の過半数が90歳まで生きる状況です。あなたは平均寿命まであと何年でしょうか。すでに過ぎているでしょうか。
　とはいえ、すべての人が長生きするとは限りません。また、日本人には、長く生きることが幸いであるという考えがありますが、長く生きれば本当に幸せなのでしょうか。キリスト者にとって人生は長さではなく、神から与えられた人生をどのように生きるかということなのではないでしょうか。
　私たちは自分で何年生きるかを決めることができません。主イエスは「あなたがたのうちだれが、心配したからといって、少しでも自分のいのちを延ばすことができるでしょうか」（マタイの福音書6章27節）と言われました。
　たしかに私たちには、神から与えられた寿命があります。そのいのちをいかに生きるかが大切なのではないでしょうか。

年齢別生存率から考える

平均寿命は男性が81歳、女性は87歳ですが、さらにその年齢の生存率を考えてみましょう（厚労省による2022年の統計から小数点以下を四捨五入しました。毎年数値が若干変わりますので、だいたいの数字です）。

男性	60歳	93%	女性	60歳	96%
	70歳	84%		70歳	93%
	80歳	64%		80歳	84%
	90歳	28%		90歳	57%
	100歳	2%		100歳	11%

・男性の場合

男性の65歳の生存率が90％ですから、この年齢で1割の人が亡くなっているというわけです。

73歳になると生存率が80％、78歳になると生存率が70％、81歳で生存率が60％、85歳までに50％以下になります。つまり、85歳で半分の人がいなくなっているのです。95歳で生存率が10％。100歳では2％になります。

多くのところで定年を迎える65歳では1割の人がいなくなっています。85歳で半分の人がいなくなるというのは寂しいことです。

・女性の場合

74歳で生存率が90％、82歳で生存率が80％、86歳で生存率が70％、89歳で60％、91歳で50％。それから、だんだん落ちてきて、100歳が11％になります。

男性が1割いなくなるのが65歳であるのに比べ、女性は74歳で1割がいなくなります。女性は90歳を超えても半分以上が生存していることがわかります。100歳では1割の人が生存していることになります。

さて、あなたはどの年代まで生きていると思いますか。

第1章　自分の死を考える

健康寿命と認知症という壁

　日本は長寿になったといっても、大きな問題があります。身体と認知の衰えです。

　健康年齢（健康上の問題で日常生活が制限されることなく生活できる期間）は男性が73歳、女性が75歳だということです。平均寿命と健康寿命では男性が約9年、女性は12年の差があります。健康寿命を超えると、多くの人が病院通いになります。介護保険が高い理由がそこにあります。

　また、認知症になることもあります。65歳以上の約16%が認知症であると推計されています。80歳代の後半であれば、男性の35%、女性の44%、95歳を過ぎると、男性の51%、女性の84%が認知症であるといいます。生存率50%である男性の85歳では3人に1人が、同じ生存率50%の女性の91歳では半数近くの人が認知症になっているということです。

　いつまで生きるかを考えますが、どのように生きるかはもっと大切なことです。元気なうちに考えておくことが必要です。男性85歳、女性91歳で半分の人がいなくなることを見ましたが、この関門を通り抜けたときの健康状態、認知機能はどうなのかということです。人は意外と楽観的です。その時になったら考えようと思います。その年齢で生きているという自信がないと感じながらも、おそらく死なないと思っているのです。それで、死について真剣に考えないのかもしれません。

ヒゼキヤ王から考える

　旧約聖書に出てくるヒゼキヤ王は、巨大なアッシリア帝国の攻撃から国を守りました。治水工事を行って地下水道を造りました。いまエルサレムに行くと、その遺跡を見ることができます。ヒゼキヤは大敵から自国を守りましたが、その後、病気になり、主から「あなたの家を整理せよ。あなたは死ぬ。治らない」（列王記第2、20章1節）と告げられました。彼は必死に祈りました。その後、主は彼に、特別に15年寿命を与えるという約束をなさいました。

このとき、ヒゼキヤはその15年をどう使ったでしょうか。次の巨大帝国バビロニアに対しては心がゆるんでしまって、準備をすることがありませんでした。心が高ぶったのでしょう。
　私たちもこれから15年、いのちがあるとすると、どんな生き方をし、準備をするでしょうか。実際問題として15年後を想像するのはなかなか難しいことです。結局、ヒゼキヤのように何もしないで終えることになるかもしれません。
　神が「帰りなさい」と言われれば、私たちはこの地上を否応なく去らなければなりません。残された日々をどのように生きたらよいのでしょうか。まず、一度立ち止まって、自分の人生を振り返ることです。そこに神の恵みを見いだすことができれば、残る人生をいかに有意義に生きるかを考えることができるでしょう。それがキリスト教の終活なのです。

2　死について考える

　「死」のことを多くの人は口にしたがりませんし、考えることを好まないようです。そうだとしても、私たちの生がいつか終わるのは確実なことです。この「死」をどう受けとめたらよいのでしょうか。

死は終わりではない
　ヘンリ・ナウエンが「死ぬことを許す」「死を黙想する」「死を自分の友とする」「死を賜物とする」という言葉を紹介しています（『今日のパン、明日の糧』聖公会出版）。
　先述のように、人は死を嫌います。死を話題にすると、縁起でもない、その話は早いと言います。人は死で終わりである、と多くの人が考えているからです。それで死後のことを考えようとしないのです。しかし、イエス・キリストは私たちのために死んでくださり、3日後に復活し、死を滅ぼされました。死で人は終わるのではなく、それは永遠のいのちの入り口となったのです。
　地上の生涯の終わりが神に与えられたものと信じるなら、そのことを

避けるのではなく、それを素直に認め、死を受け入れることができます。
〔終末期の課題〕
　そうするときに、人が恐れている自分の死さえも黙想することができるようになります。実際、人が死ぬとすぐに葬儀が始まります。当人がいないにもかかわらず、自分の意に反して葬儀が営まれることもあります。〔自分の葬儀の準備〕
　死の恐れから解放されるときに、残された時間をどう生きたらよいかを考えられるようになります。〔生き方の変換〕
　死を神からの賜物と考えることができるときに、残された人生を地上の使命に忠実に生きようと思えるようになります。〔使命の確認〕

死を受け入れる

　先に、男性65歳、女性74歳で私たちの周囲の1割の人が亡くなっていることを確認しましたが、もしも自分がその1割の中にいるとすれば、どんな生き方をすべきでしょうか。それが神から与えられた寿命であったら、それを受け入れることができるでしょうか。そうしたことは、私たちがどのような死生感をもっているかにかかっているといえます。

　「イエスは彼女に言われた。『わたしはよみがえりです。いのちです。わたしを信じる者は死んでも生きるのです』」（ヨハネの福音書11章25節）。

　主イエスは、死で終わりではないと語られます。人生には様々な苦難があります。この地上で帳尻りを合わせることは難しいことでしょう。死の先に希望が待っていて、そこで、神が帳尻りを合わせてくださるのを信じていきましょう。

3　終活に必要な力

終活には様々な力が必要である

　書店にはいろいろな種類の「終活・エンディングノート」の本が並ぶようになりましたが、せっかく購入しても、9割の人が書いていないということです。どうしてでしょうか。それは実際に書くために多くの力が必要だからです。終活の本には、「体力、気力、判断力」の三つが必要であると書かれています。

　けれども、この三つの力だけでは不足しているのです。終活にはさらに違う力が必要です。

　物の整理には体力、判断力が必要です。私の家にもたくさんの服があり、本があります。特に難しいのが写真です。たくさんある思い出の写真の整理のためには確かに気力が必要です。写真を見ながら、自分の人生を振り返るわけですから、静まりの心が欠かせません。

　財産、家系を記すのには根気が必要です。細かなことだからです。

　葬儀の準備では、実際にその場に自分はいないわけですから、想像力が必要となります。

　そして、最後に愛する人、家族に遺す言葉を記すには、それこそ「今日は書くぞ！」という「覚悟」が必要です。

　ところで、もう一つ大切な力が求められます。

人生を統合する力を用いる

　私たちは歳とともに、体力も気力も判断力も記憶力も徐々に衰えていきます。しかし、唯一、歳とともに備わってくる力があります。それは、人生をまとめていく「統合する力」です。

　若い人の体験談には感動的なものが多くあります。けれども、年配の方が自らの人生を語るときに、そこには何か深みが加わるように感じます。若者と同様なストーリーでも、そこに意味を見いだし、そこから自分で学んだ意義を話しているからでしょう。自分で自分のストーリーを

まとめているのです。

そのように、エンディングノートに書くということは、自分の人生を振り返り、意味や意義を見いだす貴重な時となるのです。

振り返りから宝を見つける

日本に死生学を広めた アルフォンス・デーケン先生の言葉です。

「人間は体力が衰え始めるときになってはじめて進歩し開花する力と可能性を秘めている。若い頃の『勤労』生活時代は生きるために必要なものを手に入れることに精力を傾けるのが普通で、自分の心の奥にひそんでいる能力は置き去りにしている。それがやっと老年になってこの深層の未開拓の部分に気づき、これを開拓する機会にめぐまれることになる。自我の深部にかくれているこの宝を掘り起こすために規則正しく瞑想することは大いに有益である」(『改訂新版 第三の人生——あなたも老人になる』南窓社、67～68ページ)。

人生を振り返ると、そこに何があるのか。宝があるというのです。潜んでいた能力があるというのです。それを掘り起こすために瞑想があるというのです。人生の足をしばし止め、振り返るときに、そこに様々な恵みを見いだすことができます。

「まことに　私のいのちの日の限り
　いつくしみと恵みが
　私を追って来るでしょう。」(詩篇23篇6節)

人生の歩みでしばし立ち止まることがあります。そのときには何もないと感じます。ところが振り返ってみると、後ろから神のいつくしみと恵みが追って来ることがわかります。そこで、すばらしいものに出会うことができたのです。

瞑想をすること

人生を振り返るには瞑想が有効です。人生をまとめていくためには、瞑想を使って人生を振り返っていきます。旧約聖書を見ても、瞑想をとても大切にしていることがわかります。プロテスタントの教会では、瞑想、黙想の習慣はあまりないのが現状です。詩篇には、神の前に静まることを大切にしていることが記されています。そして、振り返りをすることが勧めています。

たとえば、詩篇77篇12節です。

「私は　あなたのなさったすべてのことを思い巡らし
　あなたのあなたのみわざを　静かに考えます。」

そして詩篇143篇5節です。

「私は昔の日々を思い起こし
　あなたのすべてのみわざに思いを巡らし
　あなたの御手のわざを静かに考えています。」

聖書が書かれた古代ヘブル語はボキャブラリーが多くありませんが、「思い巡らす」ということばで「黙想・瞑想」になるものを、「思い起こす」（ザーハル）、「思いを巡らす」（ハーガー）、「静かに考える、思いを潜める」（スィーァハ）という三つの語を使っています。翻訳者の苦労がうかがわれます。

神の前に静まるとは、思い起こす、思い巡らす、静かに考える、思いを潜めることで、これは祈りに通じます。

マザー・テレサはどんなに忙しくても朝1時間は祈ったといわれています。1時間も何を祈るのでしょうか。神の前に静まったのです。神とのこの交わりが祈りなのです。

しかしながら、私たちの祈りの多くは、「〜してください」の願いが中心となり、他の人のために祈ることが主になっているのではないでし

ようか。これまでの出来事から神が何を語っておられるのかを思い巡らすことです。そこから神への感謝や賛美が生まれてきます。瞑想を通して、静かに神とともに人生を振り返ってみましょう。

4　エンディングノートを書いてみる

書けないエンディングノート

　今日、どこの書店でも、終活本、エンディングノートが数多く並んでいます。「終活」という言葉は日本で作られたもので、他の国では見かけません。

　そのように日本では多くのエンディングノートが販売されているのですが、せっかく買ったにもかかわらず、実際には9割の人が書いていないということです。書けないのかもしれません。拙著『エンディングノート』を購入してくださった人にお尋ねしても、やはり書いていない人がほとんどでした。

　どうしてエンディングノートを書けないのでしょうか。

　①自分はすぐに死なないと思っているからです。

　近年の医療の発展はすばらしいものです。人生100年時代といわれます。とはいえ、自分の親が死んだ年齢に達すると、考え深いものがあります。ついつい子どもたちを脅すような言葉を吐いたりしてしまいます。「お父さんも、もう近い年だからね」、「お母さんも、長く生きられないかも」と。では、本当にそう思っているかというと、すぐに死ぬとは思っていないのです。それで、書く動作に移れないのです。

　②書く機会を逃してしまうこともあるでしょう。

　日本では病院で亡くなる人が約8割だということです。入院すると管理された生活を送ることになります。介護施設に入居しても机に向かう機会がほとんどないということです。ベッドの生活になれば、それこそ書くことは難しくなります。

　③静まる時間がもつのが難しいというのも大きな要因です。

　家に帰るとまずテレビをつける。音楽を流す。そのために、静まる時

間をもつのが困難になっているのではないでしょうか。静まる心がなければ、当然、気持ちが向きません。

④考えると、暗い気持ちになるということもあるでしょう。

終活の「終」、「エンディング」の字にひっかかりを覚えます。自分の終わりのことを考え、想像すると、多くの人が暗い気持ちになってしまいます。

⑤すべてお任せするという安易な考えに流されてしまうこともあるでしょう。

神を信じているので、すべてお任せします、と言いたい気持ちもよくわかります。けれども、遺された者に多くの負担をかけるのは事実です。すべてを遺族に押しつけるのは無責任といえるでしょう。

私たちは死を迎えて、神のみもとに移されます。しかし、この地上で神が与えてくださったもの、預けられたもの、身体、財産、仕事、奉仕、責任などを整理することを忘れてはならないのです。

書けなかったエンディングノート

終活セミナーに82歳の男性が出席していました。がんで闘病していたのですが、一時元気になって、セミナーに顔を出していました。それで、「元気なうちに将来の時のために書いておいてくださいね」とお伝えしました。「はい」との答え。そして筆を動かしていました。

ところが、2か月後容態が急変し、早々に召されてしまいました。ご家族にエンディングノートを調べてもらいました。結果、数行しか書いていなかったようでした。

これは私の妻の話です。2017年に悪性の進行性のがんが見つかりました。4か月前の定期検査では何も問題がありませんでした。精密検査の時点ですでに末期の段階で、治療ができないということでした。そしてその次の月に召されました。

彼女は私のセミナーに何度も出席して、エンディングノートも渡されていました。けれども、召されてからそれを開いてみると、中は真っ白で何も書いてありませんでした。

第 1 章　自分の死を考える

　人は死を口にしたとしても、自分がすぐに死ぬとは思っていないものです。そして、死を迎える状況になれば、体力も気力も判断力も衰えて、ペンを持つことさえ難しくなるというのが現実です。
　ですから、元気なうちに、まず終活なのです。

自分の人生を振り返ってみる

　自分の人生の年表とは別に、自分の人生の霊的・精神的な記録を書いてみることです。体をリラックスしましょう。呼吸と体が楽になると、良い思い出が心から湧き上がってきますから。
　自分の人生の節目となること、たとえば、「大きな出来事」「大きな危機」「転機となったこと」「成功と失敗」「意義深い人との出会い」をあげてみてください。
　振り返りをすることは、自分の心との対話です。その中で、聖霊が大切なことを思い出させてくださることもあります。思わぬ気づきを下さいます。そして、神から与えられた人生の中で今まで気づかなかった意味を発見し、これまで感じなかった神の恵みを見いだすことができます。
　特に十代のことは大切です。十代は多感な時です。この時期に、進学、就職、体の変化、親からの自立、異性への目覚めがあります。これまでの歩みの中で十代が一番長く感じるのは、このためです。そのときの経験が現在の自分の価値観、生き方、感じ方、考え方に影響を与えていることが多々あります。
　過去を思い起こすことによって、不思議に過去から力を得ることができます。そして、これからの人生をさらに良く生きようという力となります。

自分の人生のストーリーをまとめる

　そこで、自分の人生のストーリーを、新たに目覚めた人生を統合する力によってまとめてみましょう。
　自分史を作ることができたらよいのですが。だれもがそれを書けるわけではありませんし、読む人も限られてくるでしょう。自分史とはなら

なくても、簡単な自分の人生をまとめたものを作るのはどうでしょうか。

　私は母の葬儀で、母のことをまとめた16ページの小冊子を配りました。いつどこで生まれたのか。子ども時代のこと、親のこと、学生時代、結婚のこと、信仰のことなど。母が元気な時に、私がインタビューしてまとめたものです。そのように、自分で書けない場合は、家族に話をしてタイプし、編集してもらうのも一つの方法です。ところどころに写真を入れると、親しみやすさと読みやすさを加えます。

　ところで、私は祖父母について聞いたことがありません。私もひ孫の時代には忘れ去られることでしょう。それでも文章にしておけば、後代に自分のことをいくらかは伝えることができるでしょう。

　『ファミリーヒストリー』というNHKのテレビ番組がありますが、それぞれの家族には興味深い物語があります。私たちの人生は神が導かれたものです。エンディングノートには年代に起こったことを書く欄がありますが、それとは別に、与えられた人生を統合する力を用いて自分の物語をまとめるとよいでしょう。自分の物語の中で、その時に何を学んだのか、どんな出会いがあったのか、どう成長したのか、何を得たのか、と。

　私もそうでしたが、子どものころは親の出生などには全く関心がありませんでした。親になったときに、自分はどんな子ども時代を送ったのだろうかと考えました。さらに、歳をとって引退するときには、親の引退の時はどうだったのだろうか、そして、親は子ども時代をどのように過ごしたのだろうか、うちの先祖はいったい何をしていたのだろうか、と興味を抱くようになりました。

　もちろん、書き残す必要のない記録もあります。触れたくないこともあるでしょう。しかし、自分の子孫の誇りになるようなこと、尊敬すべき先祖のことについては伝えておいたほうがよいでしょう。

5　自分の最期は——終末医療について

　私たちはいつか必ず死にます。ここで、死の間際の自分の終末医療に

ついて考えてみましょう。

死に方は選べない

　ピンピンコロリを望むでしょうか。ピンピンコロリとは、病気に苦しむことなく、元気に長生きし、最後は寝込まずにコロリと死ぬことです。多くの人が望む死に方です。ところが、現在の死因を見てみると、ガン 30％、心疾患 16％、脳血管疾患 11％という順です。健康維持をして予防はある程度できたとしも、死に方は自分で選ぶことができません。

　第1の死因の「がん」です。私の父は肺がんになり、余命3か月の宣告を受けました。私は大きなショックを受け、帰宅途中に近藤誠氏の『「がん」ほどつき合いやすい病気はない』（講談社＋アルファ文庫）を読みました。その本から、「がんは痛みをコントロールすることができる。日常生活を続けることもできる。すぐに死なないので、最期の準備ができる」と教えられました。

　父はその後、ホスピスに移り、痛みの恐怖から解放され、多くの方々に挨拶をして、充実した最後を送ることができました。痛みがあると何も考えることができず、積極的になることができません。しかし、痛みがコントロールされれば、自分で最後にしたいことを考えることができます。

延命処置を考える

　意識を失い、倒れてしまった場合はどうしたらよいでしょうか。

　これまで、日本人はできるだけ長い期間生きることが幸いであると考えてきました。けれども、近年治る可能性がないのに生命維持させることがはたして良いのかどうかを考えるようになってきました。

　延命処置には、人工呼吸器による処置、点滴や胃ろうといった人工栄養法による処置、人工透析などがあります。高カロリーの点滴だけでも長く生きることができます。本人が延命処置を望んでいなくても、家族が本人に代わってそれを決断するのは容易なことではないでしょう。

後見人の代理意思

　身寄りのない方がいて、高齢になり、だれかが面倒を見なければならなくなりました。地域包括支援センターでは細かい支援が難しいということで、私が後見人になりました。手続きとして、家庭裁判所に申し立てをして審判が必要でした。ある日、病院から突然の電話がありました。その方が倒れて救急車で運ばれたというのです。手術しなければ命が危ないということで、手術をするかどうかを決めてほしいということでした。人の命が私の一言で決定するのです。その手術について医師に尋ねると、「オペをすれば命は助かるでしょう。しかし、食べる機能も、意識も戻らないでしょう」と。私は、神から与えられた寿命を全うするという考えに立って、手術をしないで様子を見守ることにしました。

　ラジオで聴いたある番組が役立ちました。欧米では病院で食事ができなくなったときには、無理に食べさせないで、そのまま下げてしまうということでした。日本ではそれとは裏腹に、無理に食べさせようとします。点滴も胃ろうもします。けれども欧米においては、食べられないことは、食べる機能が衰える老衰と考えるというのです。

　その方も歩く機能が弱くなり、倒れてしまいましたが、それは老衰であり、その方の寿命ではないかという考えに及んだのです。次の日に医師にこの件を尋ねると、自分でもそうするだろうと話してくださり、安心しました。

　このように本人に代わって決断することを「代理意思」といいます。決断した人はどちらに決めても後悔の念をもつことになるでしょう。延命処置をすれば、その人を苦しませることになった、延命処置をしなければ、自分がその人の命を短くしてしまったのではないか、と。

　自分が延命処置を望まないにしても、家族がそれを選ぶのはなかなか難しいことです。そこで、エンディングノートに、ただ延命処置を望まないというだけでなく、具体的に書いておくのです。

　命は神からのもの、命は神に返すものです。日本には「天寿を全うする」という言葉があります。元気なうちに自分の希望する終末医療について記しておきましょう。

第2章　自分の葬儀を考える

さて、皆さんが急に召されたとします。ご家族がエンディングノートを発見します。まず、最初に見るところはどこでしょうか。葬儀の項目ではないでしょうか。

1　葬儀の実際

どのように葬儀をしたらよいか。故人の希望はどうだったかを調べます。ですから、葬儀も人任せではなく、自分のこととして、親族に迷惑をかけないように希望を記しておくことです。

・葬儀の形式（前夜式、告別式、一日葬、家族葬、直葬）
・葬儀の規模（どこまで知らせるのか）
・葬儀の場所、司式者の希望
・遺影になる写真
・経歴
・葬儀の希望、葬儀の形、お花料受け取り、返礼品、花飾り、愛唱賛美歌等

一日葬が増えている

これまでの葬儀は、前日に前夜式、そして告別式というのが一般的でした。それは、来る方々のことを考えて、仕事を終えてから夜に出席できるように2回の葬儀を用意したということです。

最近は多くの場合、家族葬です。その考えは、来てもらう人よりも自分の家族を優先して、身内で弔うという考えによります。

これまでは人が亡くなると、町内会の回覧板で、いつどこで葬儀が行われるかが知らされ、近所の方々は知った以上出席しなければいけないという感じでした。そのような気を遣わせない方法が選ばれるようになりました。地域との交流が疎遠になっていること、高齢者が多くなっていることもその要因の一つでもあります。
　御花料、香典なども、お返しが大きな負担になるため、辞退するところが多くなってきました。

習俗、風習の変化
　習俗、風習は時代とともに変わっていきます。それらは通常、書物に記録されないので、本来の意味がわからなくなっています。
　現在、葬儀には黒の喪服を着て参列しますが、それは近年のことです。明治時代の葬送の記録では、喪主、遺族は白衣でした。江戸時代、切腹する人も白衣です。人々が洋服を着るようになって、黒の礼服ができてから変わったようです。その意味では、黒に固執しなくてもよいかもしれません。
　現在、火葬と告別式が別々になっています。それは車で遺体を運べるようになってからです。そして葬式が分割されました。葬送式という言葉があるように、元来、棺桶を親族が墓地に運ぶことが大切な儀式だったのです。現在運ぶのは、葬儀会場から霊柩車に乗せるまでです。夏目漱石の場合も、告別式が自宅で行われ、霊柩車に乗せられて、青山斎場で葬儀が行われたという記録が残っています。当時、車に乗せることが最上のことだったのです。ところで、かつて霊柩車は宮殿のような屋根を載せた宮型でしたが、今日ほとんどそれを見なくなりました。
　香典も、貧しい時代に人々が葬式の費用の援助をするために持って来たものでしたが、現在ではそれが形式化し、何割かのお返しをしなければならなくなりました。
　近年の葬儀参列の御礼品は変わらないようです。お茶が多いのですが、葬儀に出て、お茶を持って帰るというのも、考えてみれば、おかしなものです。もっと別のものがないのでしょうか。

　　　　　第2章　自分の葬儀を考える

　地域によっては戦後、葬儀の負担を減らすために、香典も決まった額の1000円、2000円、お返しも日常品の決まった物を用意するというところもあります。
　葬儀式場も、寺院から葬儀会館、セレモニーホールに移ってきました。冷暖房が整い、正座が不必要になりました。

自分たちで考える自分の葬儀

　2023年の死者数は約157万人です。だいたい福岡市の人口にあたります。テレビでも葬式のコマーシャルも流れるようになりました。ビジネスになっているわけです。死者数が増えてきたので、すぐに火葬ができず、葬式が延期されるのがこのごろです。
　葬儀社の言われるままにするのではなく、自分の葬儀ですから、自分でコーディネートすることもできます。しかし残念ながら、式には遺体での出席ということになりますが。自分で考えて家族や親しい方とお話ししておくことが大切ではないでしょうか。

増えている直葬

　葬儀会場で葬儀をしないで直接火葬場に持って行くという直葬が増えています。特にコロナ禍では人々が集まれなかったこともあって、親族だけの小さな葬式が主流となりました。現在、葬儀費用が高いということと親族が少ない、見送る人がいないという理由で直葬が増えているということです。
　これは、私が葬儀のお手伝いをした例です。
　80代のお母様が召され、その同居している子ども50代の方も数日の間に召されました。このケースのような場合を近年「80・50問題」といいます。80代のお母さんを50代の独身の子どもが見るというケースです。お母さんが亡くなり、続いて息子さんも亡くなり、何日かして発見されたのですが、遺体の腐敗があって、顔を見られる状態ではありませんでした。それで、葬式をせずに、警察の遺体安置所からそのまま火葬場に運ぶことになりました。火葬する前に15分間をいただき、

短い葬式をしました（葬儀場によって可能なところと、そうでないところがあります）。

　私は直葬については否定的でした。どんな人であろうと、その人の最後となる式をきちんとすべきであって、葬式がなく召されるというのは実に寂しいことではないか、と。ところが、この15分の火葬前の葬式で、祈り、賛美、聖書の勧め、家族の別れの時をもちました。本当に短い時間でしたが、心のこもった式となりました。そして、この方法もシンプルで悪くないと思うようになりました。

　とはいえ、どのような形であれ、自分の葬儀は自分で準備しておくことをおすすめします。

2　葬儀の歴史から考える

　日本の葬儀の歴史から、自分の葬儀を考えてみましょう。

中世以前には葬儀が希薄だった

　日本人は死んだら仏教で葬式を考えますが、歴史的にはお坊さんは葬式を行いませんでした。釈迦が亡くなった時も、お坊さんではなく、在家の人たちが葬儀を行いました。仏教が一般的に葬式をするようになったのは、江戸時代の檀家制度ができてからです。それまでは、それぞれ村の単位で葬式をもっていましたが、中世以前には、その家の当主、あるいは当主に代わる人の場合にしか葬儀を行わなかったようです。

　京都の清水寺（創建778年）の執事長にお尋ねしたことがあります。「清水寺にはお墓がありますか。」「ありません。その時代には仏教ではお葬式をしなかったからです。」

　浄土真宗の開祖の親鸞は、「それがし閉眼せば鴨川に流していろくずに与えよ」（『改邪鈔』）、死んだら、鴨川に捨てて魚の餌にでもするように、と言っています。

　鴨長明の『方丈記』には、死骸が河原に充満していると記されています。仁和寺の僧侶が一条から九条まで1か月の間、死体を数えると、

第2章　自分の葬儀を考える

42300あったということです。その時代には、死者を遺棄する、放置するという習慣があったのです。

キリシタンと葬儀

そのような時代に宣教師が来日して、死者を丁寧に埋葬しました。それを見て人々が驚いたという記録があります。

「イエズス会通信誌」1555年9月の記録には、以下のようにあります。

「自分の父なりとも、死すれば彼らが用いる門よりせず、後門より埋葬所に運びて他人にみられざるようにする」
「貧窮なるものを犬のごとく少しの儀式もなく埋葬する」

同じ9月の通信には、「異教徒はわが死者を葬る方法を見て大いに感激せり、我らが初めて死者を葬りし時、3000人余これを見んと来会せり。ただし、その盛大なるがためにあらず、……キリシタンが最も貧窮なる者に対しても、富者に対するのと同一の敬意を表するを見て、その博愛と友情とを認め……」とあります。

キリスト教は死者の埋葬を大切にしました。そのことが当時の日本の社会に大きな影書を与えていたわけです。キリシタンが語る御国の教え、博愛の教えの裏づけとなったのです。

高槻城主でキリシタン大名だった高山右近親子は、貧しい人が亡くなったときに、城主自らが棺を墓地まで運びました。当時、そのようなことは身分の卑しい人がすることでした。また、死体は穢(けが)れていると考えられ、墓地は町から離れたとこ

天草・五和町のキリシタン墓地。
墓石には素朴な十字架が刻まれている。

ろにありました。ところが、1998年に高槻市内でこのキリシタン墓地が発見されました。推定190期の遺骨が発見されました。その墓地は城の中にあった教会の隣にあったのです。それは当時考えられないことでした。キリストにある者の復活を信じたことの現れでした。

3　葬儀社に頼らない葬儀

　以前、『愛する人と自分のためのキリスト教葬儀』という本を出しました。その中で、かかった費用だけを請求する葬儀社がおすすめであると書きました。ところが、現在どこの葬儀社もセット料金で計算します。何万円コースのセットを決め、それでお願いするというかたちが一般的になりました。そこで、葬儀社も、私たちはあまり考えることなくお任せになっています。では、葬儀社にお任せしないと、葬儀はできないものなのでしょうか。

赤ちゃんの葬儀

　赤ちゃんを出産し、その子が数時間で亡くなり、その葬儀を頼まれたことがあります。若いご夫婦で経済的にもお金をかけられないので、自分たちで葬儀をすることにしました。ただそのとき、用意できないものが三つありました。棺と骨壺と霊柩車です。それを葬儀社にお願いしました。
　ところで、葬儀社に任せないで、すべてを自分たちですることができないでしょうか。

自分たちで行う葬儀

　私の友人の話です。高齢のお母さんが召されました。在宅医療で自分の家で最期を迎えました。棺、骨壺はネット通販で注文し、ドライアイスも地元の業者のところで購入できました。市の火葬場に火葬を予約して、友人の車で運ぶことにしました。遺体は、霊柩車でないと運べないと思われていますが、自分の車でも可能なのです。

第2章　自分の葬儀を考える

　友人はお金をケチっているわけではありませんでした。自分たちの家族の最後は、知らない他人が入らずに、自分たちでしたいという思いからでした。実に心のこもった良いお葬式でした。参列してお手伝いをした私たちはとても感動しました。葬儀社に頼まなくても、自分たちでやろうと思えば可能なのです。

　どのような葬儀を希望するか、家族に伝えておくことをおすすめします。

第3章　自分の埋葬、墓を考える

　葬儀の後は、お墓の問題が出てきます。
　皆さんはどちらのお墓に入る予定でしょうか。もう決まっているでしょうか。
　かつて身寄りのない方の後見人になったことを先に記しました。その方が亡くなって葬儀をし、そのあと教会墓地に埋葬しました。入所していた施設に挨拶に行くと、「納骨できてよかったですね」と言われました。お墓は、身寄りのない方、低所得の方にとっては切実な問題なのです。

1　はかない話（墓ない話）

　都市部では、お墓の価格（墓石代、永代使用料）が高額です。墓地を買うといっても、その土地が自分のものになるのではなく、その区画を使用するという権利を購入するということです。毎年の管理料を払わなければ、使用権を失います。
　墓地をもっていても、将来管理する人がいなくなる可能性があります。子どもたちが都会に出て行き、墓地のある実家には戻って来ないケース、また、近年結婚年齢が高くなっているので、結婚しても子どもが与えられないケース、そして、お墓を継ぐ子どもがいないというケースもあります。
　ある地方都市の市営墓地を調査してみると、約7割が無縁化しているとのことです。その地域の高齢者福祉施設の話を聞きましたが、一つの暗室があって、そこには引き取り手のない骨壺が60個置いてあるということです。ある集合住宅を解体すると、骨壺が7個出てきたとい

第3章　自分の埋葬、墓を考える

うことも聞きました。

　家族がいても、引き取り手のない遺骨が急増しているということです。火葬後も引き取り手がなく、市区町村が保管している「無縁遺骨」は全国で少なくとも6万件（2021年総務省調べ）あるとのことです。

　こうしたことを考えると、日本人はお墓、遺骨を大事にすると言われていましたが、決してそうではないように思えます。

2　墓を継ぐ人がいない——墓じまいの増加

　生涯未婚率という言葉がありますが、それは50歳時の未婚率を表しています。50歳になると、生涯独身でいる方が多くなるという意味です。2010年、男性20.1％、女性10.6％でしたが、2035年には男性29.0％、女性19.2％に達するという予想です。日本の人口が減っている一因です。

　また、結婚した女性の10人に1人の妊娠が難しいと言われていましたが、生活環境の変化で現在7人に1人の割合になっているということです。40歳を超えると自然妊娠率が5％に下がるといわれています。そこで、親世代が子どもには任せられない、負担を負わせたくないということで、墓じまいをしようという人が増えているようです。

　地方の墓地の多くはお寺が管理しているので、墓を終わりにするのには、離檀料（檀家を離れるための料金）、改葬費用（墓石を処分し、更地に戻す費用）が必要となります。そして、離檀料をめぐってはトラブルも多いようです。墓を開いて、骨壺の数で請求されたという話を何件か聞きました。

　そういうこともあって、いろいろな形の埋葬の仕方が出てきました。

3　埋葬にもいろんな形がある

　先に述べたように、子どもがいなかったり、子どもが家を離れてしまったりして、お墓を継承できないというケースが起こってきています。

そこで、その人の代でお墓のことはすべて終わらせたいという考えから、その形態も変わってきました。

永代供養墓

後継者が必要なく、霊園が遺族に代わって供養、管理をします。契約期間が設けられ、それを過ぎると、他の遺骨と一緒に埋葬されます。費用は3万円から50万円と、かなりの幅があるようです。

「永代」といいますが、管理する寺社がいつまで存在するかが課題となっています。現在、日本にはお寺の数が7万6900あります（コンビニは5万5800です）が、多くのところでその後継者問題に直面しているようです。将来その寺院の霊園がなくなるということがあるかもしれません。

「供養」についてですが、キリスト者はイエス・キリストの十字架の贖いによって救いに入れられており、死後、愛する主のもとに行きますから、供養の必要はありません。

納骨堂

東京都内では納骨堂の建設が急速に増えています。それは、購入価格が安いことと、都内で行きやすいためです。ここもある期間が過ぎると、合祭されます。ロッカー型ですと、平均65万円と管理料が必要のようです。

樹木葬

自然回帰の考えから石の墓地ではなく、樹木の近くに埋葬するという形です。管理費を取るところと、取らないところがあります。30〜100万円。現在この樹木葬が人気になっています。

散骨

海や山に粉骨処理をした遺骨をまきます。故人が生前散骨にと言っていても、いざ遺族がそうすることを決心するのはたやすいことではあり

ません。家族に、どこにどうするのかという希望をしっかりと記し、伝えておくことが大切です。

神戸港で散骨の式を頼まれたことがあります。貸し切りの小型船で沖に出て、祈りをして散骨しました。散骨の業者によると、その数は加速度的に増えているとのことです。

遺骨を持ち帰らない

東日本と西日本では、遺族が火葬場から持ち帰る遺骨の量が異なります。骨壺の大きさも違います。収骨の場で骨壺に入れずに焼骨を全部持ち帰らないのです。火葬場によって可能なところと、そうでないところがあります。持ち帰らない場合は、火葬場に事前に伝えておく必要があります。

教会共同墓地・教会納骨堂

墓地や納骨堂を所有している教会や教団も少なくありません。納骨の時にその費用を払いますが、年間の管理費は必要ないというのが一般的です。納骨された方は、教会・教団で記録され、年に一度、召天者記念礼拝や記念会をもつことが多いようです。ただ、教会を変わったときや、子孫がキリスト教でない場合の難しさは残るかもしれません。

教会の納骨堂

4 埋葬について歴史から考える

骨上げ、収骨の違い

　日本では地方によって納骨の風習、習俗の違いがあります。大きく違う一つは収骨の方法です。

　日本では遺骨を大切に考える遺骨信仰というものがあります。火葬場では1時間ほどかけて約800度で焼きます。それ以上の温度で焼くと、骨の主なる成分のカルシウムが燃えてしまい、形ある骨が残らなくなるからです。そのため時間をかけて焼くのです。

　骨壺に収骨するときには、「箸渡し」といって、職員が二人一組で収骨するように指導するところがあります。この箸渡しには、特に宗教的な意味があるわけではありません。死者が三途の川を無事渡れるように願う意味があるとか、この世からあの世への「橋渡し」であるとかの説明がありますが、実際のところ、そうした意味があるわけではないのです。ですから、順番に各自で自由に収骨するのでよいとも思います。地域によっては、葬儀を担当した葬儀社の職員が収骨の場にいて、案内もしてくださいます。

　火葬が終わると、焼骨を拾って骨壺に入れますが、先にも触れたように、関東では全部を、関西では一部だけを納めます。関東では骨壺に灰まで全部を入れ、納めきれないときには頭の部分を叩いて蓋をします。関西の人がそれを見ると、そこまでやらなくてもと思います。一方、関西では骨壺に遺骨の一部しか入れないので、関東の人がそれを見ると、残った骨はどうするのと戸惑ったりします。この習慣の違いは、糸魚川、飛騨、美濃、三河あたりで分けられるといわれています。ちょうど電気のサイクルが東日本と西日本とで、50サイクルと60サイクルの違いがあるのと同じような感じでしょうか。どうしてこのような違いが生まれたのでしょうか。

　一つの説として、こんなものがあります。

　1873年、明治6年に太政官布告で「火葬禁止令」が発布されました。

第3章 自分の埋葬、墓を考える

人口の密集した東京では煙と悪臭がひどく、衛生上の問題が生じたことと、都市計画を進めることがあって、墓地を移したかったからです。加えて、国家神道を推し進めたい政府が仏教色のあるものを排除したかったこともあるようです。ところが、この禁止令は2年後の1875年、明治8年に取り消され、火葬が解禁されることになります。そのときには、火葬してもよいけれども、遺骨は隣接する墓地に埋葬するのではなく、すべて持って帰るようにという通達が出ました。(ところが西日本では、この通達を守られず、これまでどおり一部を収骨して、残りを隣接する墓地に埋めていました。)

このような背景があって、都内に青山墓地、雑司ヶ谷墓地など9か所の公営墓地が新設されることになりました(参照、高橋繁行『葬祭の日本史』講談社現代新書、50ページ、森謙二『墓と葬送の社会史』講談社現代新書、35ページ)。

ところで、欧米で火葬する場合は、遺族は火葬場には行きません。それゆえ骨上げもありません。焼骨が機械で粉骨されて、容器に収納され、後日、遺族に渡されます。

墓地への納骨について

納骨の方法も地域によって様々です。

東日本では遺骨を大きな磁器にすべて入れて持ち帰ります。地域によっては磁器の骨壺ではなく、木箱に直接入れます。

知人の納骨で訪れた京都の南地区の仏教寺院では、遺骨を骨壺から出し、あらためて素手でさらしの袋に足の骨から入れるように指示されました。大阪地区では、骨壺からさらし布に移して袋に入れて納骨します。関西の南部では、墓地の土を掘り、

教会墓地で遺骨を袋に入れての納骨
(大阪地区)

共同墓地の骨壺で納骨

遺骨を骨壺から出し、そこに埋めるところもあります。

骨壺は、磁器と陶器のものが多いようです。既述したように、東日本の骨壺は遺骨を全部入れるため、大きなものを要します。明治時代に大きな磁器の骨壺は高価だったようです。現在、大量生産ができ、これが主流となっています。けれども磁器の骨壺には以下のような問題もあります。

逆さまになった骨壺の謎

千葉の教会の牧師だったころ、教会墓地を作りました。教会員の実家が石屋さんだったので、立派な石で、デザインも工夫していただきました。自分たちで開けられるようにもしました。

ある年に、納骨のためにカロート（墓の下の遺骨を納める場所）へ入りました。すると、骨壺が上下逆さまに置かれてあったのです。前年、一人の青年に、中に入って、骨壺を置いてもらったのですが、どうやら上下逆さまにして置いてしまったようなのです。変なことをするなあと思っていました。その後、私は九州福岡の教会へ移りました。地元の方の葬儀のお手伝いをし、骨壺を墓地に納骨することになりました。両親を続けて天に送られたご家族の葬儀でした。お母様の骨壺の納骨の時に、ご長男が、昨年納骨したお父様の骨壺を開いてみました。そこで発見したことがあります。それは水です。地下は湿気があり、結露ができていたのです。この骨壺が磁器でした。1年の間で水が溜まってしまうのです。

千葉の時の謎が解けました。安置されている骨壺に水が溜まっていたのです。それで、壺を上下逆さまにすれば水は溜まらないわけです。

どの霊園の方にもこのお話をするのですが、「では、骨壺に小さい穴

を開けたらどうでしょう。あるいは、地下のカロートに納骨するのではなく、地上に納骨したらどうでしょう」と人ごとのようです。私の遺骨が水浸しの壺の中に入っていると思うと、やはり耐えられない気持ちです。早く土に戻してほしいと思いますが、どうでしょうか。

　どのように納骨するのか、私たちは選べる時代になりました。全部骨壺に入れる、一部を入れる、骨壺で納骨する、そのまま袋に入れて納骨する、散骨する。どこで、どのように納骨するかを家族で話し合っておくのはどうでしょう。

埋葬の自由
　江戸時代には、キリシタンを監視するため、各地に寺請制度がもうけられていました。どこかの寺に必ず属し、葬式は檀那寺の僧侶によって行わなければならなかったのです。そのため、寺院の許可なしには埋葬ができませんでした。1873年、明治6年、切支丹禁令の高札が撤去され、葬儀と埋葬の自由が認められるようになりました。私たちが現在自由に葬儀をして埋葬できるようになったのは、明治になってからのことです。

　納骨の時期ですが、だいたい1か月を過ぎてから行うことが多いようです。仏教では49日の法要で行うことが多いようです。それは、1か月くらいすると、もうそこに故人はいないので、墓に納めたいと思うようになるからです。遺骨には本人の面影もありません。本人は神のみもとに召されたことを覚えて、父なる神に祈ることが納骨でも大切であると思います。

心が大事
　私の祖父は、金沢の加賀藩三代藩主の前田利常が建てた妙立寺（忍者寺と呼ばれている）の住職でした。私の母に「自分が死んだら、墓参りは要らぬ。心があれば十分だ」と言っていました。本当の仏教は生きている人のためのものですが、いつのまにか葬式仏教となってしまいました。母はお墓に縛られなかったので、洗礼を受けるのに何の問題もあり

ませんでした。

　私たちの心を天に向け、遺骨は地上で生かされた記念として、どこにどのように埋葬するかを決めておくことです。

こんなキリスト教墓地があります。
天草のキリシタン墓地。土葬された後、木材で「霊屋（たまや）」と呼ばれる庵が作られます。7～13年後にそれをはずして骨拾いをします。

第4章 遺される人のために

これまで自分の死について見てきましたが、この章では遺される家族のことを考えてみましょう。

1 物の整理について

私たちは物に囲まれて生きています。施設に入居するとなると、整理をしなければなりません。そのような機会には否応なしに多くのものを処分しなければなりません。私たちが天の御国に移されるときには、地上の物はすべて置いていかなければなりません。子どもたちが使えるものはごくわずかで、ほとんどが処分されることになるでしょう。それゆえ、自分でできることは今から整理しておきましょう。まずは物の整理について考えてみましょう。

健康寿命を考える

現在平均寿命は男性81歳、女性87歳です。元気で自立して生活できる期間を「健康寿命」といいますが、それは男性が73歳、女性が75歳です。

自分で物を片づけられるのは、この健康寿命の間であると考える必要があります。体力、気力、判断力があるうちに整理するのです。

突然襲う「寝たっきり」

寝たきりになる原因としては、脳血管疾患35.7％、認知症14.5％、高齢の衰弱12.6％、骨折・転倒7.3％となっています。

家の中での転倒・骨折が案外多いと報告されています。このことはあ

る程度、予防が可能です。まずは物を床に置かないことです。ロボット掃除機が動けるくらいに整理をするのです。片づけの第一歩は身近なところからです。

　独居の人の家では、出したら片づけるのが面倒なので、そのまま置きっぱなしになってしまうということが多々あります。出したらしまう習慣を作ることが大切です。

どうして捨てられないのか

　どうして物を捨てられないのでしょうか。それはその物に愛着があるからです。これは心の問題なのです。主な理由は以下のようなことです。
・いつか使うかもしれないから。
・高価なものだったから。
・思い出があるから。
　２年使わないと、その後も使うことはないといわれます。その当時値段が高くても、年数が経てば当然劣化しています。整理するするときに、それを見て、その時の思い出が湧き上がってくることがあるかもしれません。しかし、思い出は心にしまうもので、物でしまうことでないことも覚えておきたいと思います。

　難しいのは衣類です。特に男性の衣料は、時代が違ったり、流行も変わったりしますから、よほどのことでないかぎり、使う人はいないでしょう。使わないものでしたら、処分するのが妥当です。

愛着の問題をどうするか

　近藤麻理恵さんの『人生がときめく片づけの魔法』（河出書房新社）という本が大ヒットしました。彼女の方法は手に取り、ときめくものを取っておき、それ以外は捨てるというものです。捨てるときには、役目を果たしたので、「ありがとう」と言う、とアドバイスしています。

　物に「ありがとう」を言うのには、抵抗を覚えるかもしれません。私は、その物と一緒にその思い出を抱きしめて、心で訣別して捨てるようにしています。心がすっきりしました。

第4章　遺される人のために

整理、片づけ

　まず引き出し、物入れ、物置きから全部出します。次にそれらを分別します。取っておく物、捨てる物、あとでどうするかを考える物。

　処分は、捨てる、だれかにあげる、売る、です。売る場合は、新品でも購入額の1割ぐらいを覚悟しなければなりません。キリスト教の書籍の買い取り業者もあります。

　実際に整理、片づけをするポイントは以下のとおりです。

①一度に片づけようとしない。

　長い年月かけて溜まってきた物です。一度にすべてを片づけようとしても、心が追いつかないでしょう。今日はこのコーナーとこの棚にしようと予定を立てるといいでしょう。

②自分の物だけを片づける。

　自分の物よりも他の家族の物が目に入ります。人の物ではなく自分の物をまず整理しましょう。

③収納器具は購入しない。

　新たに収容棚を買うと、そこに溜め込むようになります。買わないことです。

④収納は8割に。

　腹八分といいますが、収納も8割がいいと思います。棚、押し入れ等に収納する場合は、どうしてもそこにたくさん入れてしまいます。詰め込んでしまいます。そうすると、奥の物を取り出せなくなり、そのまま眠ったままとなります。収納はしまうためではなく、使うためにしまうという考えが大切です。

⑤使えると使うとは違うこと。

　使える物を捨てるのには抵抗があります。でも、使わない物は今後も使わないので処分します。

⑥難しい時は人の助けを求める。

　子どもたちや親友にきてもらうと、捨てる判断の助けになります。

写真はアルバム一冊に

　写真は特に難しいものです。アルバムが何冊にもなっていると思います。あなたが召されたときには、ご家族はそれはどうするでしょうか。葬儀のときに使われる遺影の写真は用意してありますか。自分の写真が飾られるのですから、自分で選んでおきましょう。

　私がお願いされた葬儀では、前夜式や告別式の中で写真をスライドショーにして見せるようにしています。静かな音楽を聴きながら笑顔の写真を見ると、心が落ち着きます。病で召される方の最期の苦しい姿を遺族は覚えているでしょう。笑顔の思い出深い写真を見ることで、その生涯が良いものであった、幸せだったという思いをもつことができます。8枚ぐらいあるといいと思います。

　そのために、写真をアルバム一冊にまとめておくとよいでしょう。風景写真、集合写真、他人の写真、目をつぶっている写真などは処分してよいでしょう。根気が必要ですが、良い写真を残しておくようにしましょう。

部屋の整理は心の整理に

　私の恩師の書斎はいつもきれいで整っています。説教、執筆、研究をしておられますので、資料が山積みになっていてもおかしくありませんが、若い時から週に一度は整理するようにしていたということです。

　普段から片づける習慣のある人にとっては難しいことではないかもしれませんが、とにかく、部屋を整理し、物を処分する日を決めることです。自然にできることではありません。

　部屋の整理は心の整理にもつながります。

2　相続をどうするか

急にお金が舞い込む二つの方法

　人生で私たちに大金が舞い込む方法は、二つあるといいます。一つは「宝くじ」、もう一つは「財産の相続」です。

第4章　遺される人のために

　人が大金を急に得るとどうなるでしょうか。自分で苦労して得ていないので、金銭感覚が麻痺してしまうことがあります。宝くじで高額を得た人は注意するようにと言われます。急に得た財産は人生を狂わせることが少なくないからです。

　多くの場合、家族や親族のトラブル、相続でなく争続が起こります。疎遠だった人が寄って来たりします。家族の間の食卓の会話がいつもお金の話になったりします。日本のことわざにも「子孫に美田は残すな」というものがあります。

聖書の教え

　聖書には、今から2800年前にすでに相続の危うさについて語られています。

　　「急に得た財産は減るが、
　　少しずつ集める者は、それを増す。」（箴言13章11節）
　　「初めに急に得た相続財産は、
　　終わりには祝福されない。」（同20章21節）

　急に財産が入ると、人はそれをうまく管理することが難しいので、間違ったことをしてしまい、それで祝福されない、とあるのです。気をつけなければ、幸せから遠く離れてしまいます。

　新約聖書には、「すべての物を豊かに与えて楽しませてくださる神に望みを置」くように（テモテへの手紙第一6章17節）との勧めがあります。本当の豊かさは、どれだけ多く持っているかではなく、神から与えられたものでどのように楽しんでいるかであるというのです。

　続くテモテへの手紙第一6章18節、19節に、「善を行い、立派な行いに富み、惜しみなく施し、喜んで分け与え、来たるべき世において立派な土台となるものを自分自身のために蓄え、まことのいのちを得るように命じなさい」とあります。将来の新しいいのちのために、施し、分け与えることが大切であるとされています。

今私たちができることは、神から与えられたものを、わずかであっても人に分け与えることなのでしょう。
　これまで、そっと私のポケットに封筒を入れてくださったこと、握手のときに、手に紙幣を挟んでくださったこと、わからないように銀行口座に振り込んでくださったこと、それらにどれだけ助けられたことか。金額ではなく、その行為が嬉しかったのです。人に与えることは人に喜びを与えます。次は私の番であると思います。

財産をどのようにするか
　あなたの財産は、神様から管理を委ねられたものです。
　現在、日本の個人金融資産が2023年には2121兆円になったということです。その半分の1000兆円以上を60歳以上の高齢者が保有しているとのことです。2035年には、その額を所有している高齢者の割合が70％に達すると推計されています。多くの高齢者が多額の財産を持っているというわけです。
　しかし、それらが使われることなく眠っています。そこで、政府はNISA制度を始めました。これまで老後のためにと蓄えてきました。そして、老後といわれる年齢に達してからも、その考えは続き、老後の後の老後のために取っておくことになりました。そして、自分の子どもたちに少しでも多くを残すことを考えています。それが振り込め詐欺の横行の一因ともなっています。
　2023年の振り込め詐欺などの特殊詐欺事件の件数は19000件、被害額は441億円。1日1億2千万円で、1件平均237万円が騙し取られています。その件数は減ることがありません。受け渡しの方法は、振り込み、宅配便、レターパックで現金をそのまま送るのが多いということです。高齢者がお金をたくさん持っている一つの現れといえるでしょう。そのまましまっている人が多いということです。
　財産は神様から預けられたものです。どう残すかではなく、どう使うかを考えるべきであると思います。今持っているものは、子どものものではなく、あなたのものなのです。

第4章　遺される人のために

遺贈の考え

　死後慈善という言葉があります。そのまま取っておくと、死後、税金として国に、あるいは受取人がなくて国に没収されることです。死後慈善をするのではなく、生きている間に与えられたものを整理して、活かすようにしましょう。

　遺贈という方法もあります。召されたときに、どこかに寄付するのです。アメリカでは遺贈寄付額が2兆9000億円ということです。日本にはそのデータはありません。その習慣がないため、調べていないのです。

難しいのは不動産

　地方の家を相続した場合、売ることが難しく、解体などでむしろ負の財産になる可能性があります。総務省の発表では、2018年に全国の空き家は13.6％になっています。このままいけば、2030年の空き家率は30％台に上るという予測です。現在、町を歩けば、10軒に1軒が空き家になっています。それが10軒に3軒となるわけです。ある県はすでに20％を超えています。地方の家を相続しても、よほど条件が良くないと売ることが難しいのです。

　逆に都市部の不動産は高額になり、遺族の一人がそこに続けて住む場合には、遺産の配分が難しくなります。そのときに遺言書があれば争わなくてすみます。難しい相続の可能性がある場合は、遺言書を残しておくことです。

相続する人のために目録を作っておく

　私たちはいつ召されるかわかりません。遺された者のために、不動産、有価証券、銀行口座、どこに何があるのかをエンディングノートに書いておきましょう。

　争続になるようでしたら、正式な遺言書を残しておくことです。近年大きな額でなくても、裁判で争うことが多いようです。また、家族で話し合っておくことができればよいでしょう。

3　最も大切な「ありがとう」を残す

　キリスト者のエンディングノートで一番大切な課題に入りましょう。それは、遺された家族への愛の配慮です。私たちが召されたときには、愛する主のみもとへ行きます。イエス様の十字架ですべての罪の代価が支払われ、私たちに永遠のいのちが与えられているからです。けれども、遺された家族は辛い悲しみと深い寂しさの中に突然入れられます。その遺された家族を気遣うことです。

最も大切で難しい言葉
　私の作ったエンディングノートには、「ありがとうを伝えたい人へ」「葬儀に来てくださった方へのお礼の言葉」「一番大切な人への言葉」を記すページがあります。しかし、これはなかなか書けないものです。時間を作って、それこそ「今日は書くぞ」という覚悟が必要です。まず三つのうちで書きやすいのは、葬儀に来てくださった人への挨拶です。
　・葬儀に来てくださった人へのことば。
　自分の葬儀には残念ながら主役である自分がいません。何の言葉もかけられません。しかし、お礼の言葉を書いて残すことはできます。それを読んでもらってもよいし、そのままコピーして配ることもできます。タイプしたものではなく、書いたものをコピーすると、より気持ちが伝わります。
　・ビデオレターを作れたら……。
　軽井沢で終活セミナーをしたことがあります。最後のセッションでは、葬儀に来てくださった方への挨拶と家族への言葉を時間を取って書くことにしました。そのように静かなところで時間を作らないと、なかなか書けないものです。その後、自然を背景にして、ビデオレターを作ってみました。
　「本日、ご多忙の中、私の葬儀に来てくださり、ありがとうございます。生前は皆様にたいへんお世話になりました。……」

第4章　遺される人のために

私たちの多くは病気で亡くなりますから、先述したように、病院のベッドでの苦しい姿が遺族の記憶に残っているかもしれません。ですから、人々に今幸いであること、この地上で幸福だった時よりももっと良いところにいることを伝えることができたらと願います。そのために葬儀で、元気な姿を皆さんに見ていただくことが大いに役に立ちます。

きちんと「ありがとう」の言葉を
特にお世話になった人や子どもたちに伝える言葉です。
日野原重明先生が書いておられます。

　「地位や名誉は死ねばなくなる。財産も残したところで争いの種をまくだけですが、『ありがとう』のひと言は、残される者の心をも救う、何よりの遺産です」(『生きかた上手』ユーリーグ株式会社、173ページ)。

　愛する人を看取ると、必ず後悔が起こります。ああすればよかった、こうすればよかった、と。どうしてそのような思いが出てくるのでしょうか。それは、その人のことを大切にしていたからです。愛がなければ、そうした思いにはなりません。そのように思ってくれる人に『ありがとう』の一言があれば、それが大きな慰めとなるのです。

私の母の「ありがとう」
　2007年12月クリスマス直前に私の母は召されました。血液の病気で、「もう治りません。今週いっぱい」と言われていました。当時大阪にいたので、毎週埼玉まで見舞いに行きました。牧師にとってクリスマスは一番忙しい時期でしたから、すべての集会に支障がないようにと祈りました。一時大阪に帰るときに、意識のあるうちにと思って、母に最後の挨拶をしました。
　「お母さん、これまでありがとう」
　「こちらこそありがとう」(母は微笑みを浮かべて)

それから家に帰り、クリスマスの諸集会の準備。そして、病院へ。母の息は静かに消えていきました。それがクリスマス礼拝の２日前。普通であれば、クリスマス礼拝の日に葬儀になります。

　駆けつけた母の教会の牧師が「美智子さん（母）は、クリスマスに召されたら、教会の片隅に置いてほしい、と言っていました。それで良ければ……」と話してくれました。

　母は大好きな教会のすべてのクリスマス、次の日から始まる子どもクリスマス、礼拝、イブ集会すべてに黙って横になりながら出席しました。その後、葬儀をしました。贅沢な最期でした。

　この母の『ありがとう』の一言は、日野原先生が言うように、私たちの心をも救う、何よりの遺産です。母のこの一言でどんなに慰められたことでしょうか。

　葬儀の席で挨拶に使う言葉で、「お悔やみ申し上げます」があります。それは「悔いが残りますね」という意味です。死生学の講座で『「甘え」の構造』を書いた精神分析学者の土居健郎先生の言われた言葉が忘れられません。

　「悔いが残るのはそこに愛があったからです」

　私たちも、最期は家族に「ありがとう」の言葉を伝えましょう。きちんと書いておくとよいでしょう。

愛する人への最後のことば

　私の妻の話です。2017年に進行性のがんが見つかりました。その４か月前には定期検査をしたのですが、問題はありませんでした。しかし、その後の精密検査で、末期ということで治療できない状態になっていました。そして１か月後に召されました。

　自宅で療養しているときのことです。落ち着いていたので、どんな気持ちかを尋ねてみました。

　彼女のことばは、「あなたと子どもたちに囲まれて幸せ」というものでした。

　この一言でその後、私はどんなに慰められたことか。遺された者にと

って、召された者が幸せだったかどうかが一番の関心事なのです。ですから、夫婦の場合は、「ありがとう」の感謝の言葉だけでは足りないでしょう。結婚してしあわせだったと伝えることです。

私のセミナーでこの話をすると、こんな言葉がよく返ってきます。

「夫に結婚して幸せだったと私には言えませんし、書けません。」

隣の人の声も聞こえます。

「あんた、嘘でもいいから書いておくのよ」

まだ間に合います。拙著『夫と妻のしあわせづくり』（いのちのことば社）を参考にしてください。

4　遺された者のグループ・ワーク

パートナーの終活と遺された者のその後について私の例をお話しします。

・妻のがん

妻の首にしこりができて、検査をすることになりました。それががんとわかり、がんの原発部位を調べるために検査しました。それは乳腺からでした。その時点で転移していることがわかりました。乳腺のがんの中でも進行の早いものでした。ドクターからもう末期で治療ができないと言われました。

3月の検査では何もなかったのですが、7月にはもう末期です。「抗がん剤を打てば1年は生きられます。3年生きられればもうけものかなあ」と屈託のないドクターの言葉。どんな抗がん剤かと尋ねると、上から2番目に強い薬だということです。抗がん剤を打たないと、いつまで生きられるかと尋ねると、「今年いっぱいは難しいかもしれない。もしかしたら、この夏にも難しいかも」という返答。

途方に暮れる日々が始まりました。

その日、診察室で話を聞いて会計をしているときに、人目をはばからず号泣しました。駅に行く中之島の淀川べりを歩いている途中でも、立ち止まって泣きました。家に帰って、食事が終わったときにも泣きまし

た。彼女ではなく私が、です。

妻は、1日考えて抗がん剤を打たないという決断をしました。それをドクターに話すと、「あなたは後悔しないのか」と言いました。彼女の答えは、「私は1日単位で生きていますので、後悔しません」でした。

「それなら緩和科に行くしかありませんね。」

その週、緩和科に行きました。まず私が話しましたが、言葉に詰まって泣いてしまいました。そのドクターは私たちの話をよく聴き、痛みが出る前から薬を処方し、毎回時間を取って話してくださいました。

心に残っている言葉があります。

「がんになった意味を考えてみてください」

「10できることの6しかできなくなったら、4を嘆くのではなく、6で何をしたいのかを考えてください」

「残りの人生が短いとわかると、今まで見えなかったものが見えるようになります。そのようになるといいですね」

「病人とは、いつも病気のことを考えている人です。病気でも病人でない人もいます」

そのドクターは信仰者でないにもかかわらず、最後に、「これは神の領域なので、神に祈ってください」と言いました。そのとおりだと思いました。最後の緩和科で良いドクターに出会うことができました。

その病院には緩和科の入院施設がないため、入院できるホスピスを探すことになりました。一番近いホスピスに行くと、120人待ちと言われました。がんで苦しんでいる人が多くいることがわかりました。

・妻の最後の終活

まず子どもたちに自分の病気のことを話しました。次に、彼女の故郷にいる岩手の母のところに行き、伝えました。親友にも会って、話しました。それぞれが最後の挨拶になる真実な交わりとなりました。

岩手の92歳の母に話すことには心配しました。高齢の母を遺して逝ってしまうからです。妻が母を信仰に導きましたが、母もその信仰に立っていました。

母は、「あなたには神様の使命があるんだから、大丈夫」「あなたはこ

第4章　遺される人のために

れまで神様のためにしてきたんだから、神様がご存じ」「もし召されることがあっても、天の御国で会うことができるよ」と励ましてくれました。

・きれいな最期

妻の介護をするために教会には辞表を出し、家族の助けを得るために長男の家の近くに引っ越すことにしました。

引っ越しのために荷物の整理です。それはとても簡単でした。彼女にとって今必要でないものは処分、奥にしまっておいたものはほとんど使わず処分、仕事で使っていたものも処分。物の整理ができました。

召される前日、シャワーで体を洗いました。私が介添えをして頭も洗いました。気持ちいいと言ってくれました。次の日の朝、歩くことがやっととなり、トイレに一緒に行き、用を足してベッドに入りました。その後、息が荒くなり、「聖霊でからだがいっぱいになっている」と言って、そのまま召されました。

大事な人たちに最後の挨拶をし、物を整理し、身もきれいにして召されました。彼女の口癖は、「夫よりも早く、痛みがなく」でした。そのとおりの最期、そしてきれいな最期でした。

・ひとり遺されて

葬儀が終わってから、ひとりの生活になりました。友人が銭湯に誘ってくれたのですが、体重計に乗ると7.5キロも痩せていました。体がガリガリになっていました。

礼拝の説教で連続7回泣いてしまいました。もう教会の働きはできないと思い、教会を牧する担任を辞めて、巡回奉仕をすることにしました。男性が伴侶を喪うと、4割の人が早死にするといわれますが、その意味がよくわかります。家では会話もなく、食事もひとり、休みもひとり、寝室もひとり……。

妻の生前、長男が一度緩和科へ代わりに行ってくれたのですが、「お父さんは元に戻るのに、2年はかかる」と言いました。予期悲嘆と呼ばれるものです。そのように2年間はうつ状態だったのかもしれません。何かあると泣いていました。グリーフケア、グリーフワーク（別離の悲

しみのケアと回復）の本をたくさん読みました。

　益になったことがあります。どの教会に行っても、パートナーを亡くした方々がいて、その方々とすぐに心が通じ合うのです。闘病している方、介護している方と、死についての話題を避けることなく行うことができました。終活セミナーでも真実味が伝わったように思います。経験した者の強みでしょうか。

　別離の悲しみと辛さと寂しさはどうしたらよいのでしょうか。私の場合は、自分のことを聞いてくれる人を探しました。同じ経験をした人と分かち合いました。定期的に何度も同じ話をしました。話をしても元に戻るわけではありません。時間が必要でした。同じ経験をした方々から、「薄皮を剝がすようなものだ」と言われました。

　二人の生活からひとりの生活に慣れていかなければなりません。二人で分かち合う喜びがなくなり、二人で経験する楽しむことがなくなり、二人で考える未来がなくなりました。ひとりの生活でそれらを見つけなければならなくなりました。この寂しさと辛さは夫婦であれば、どちらかが必ず味わわなければならないものです。それを彼女に負わせるのではなく、自分が負うことで良かったと思っています。

　グリーフワークの本（A・デーケン、重兼芳子編、『伴侶に先立たれた時』春秋社）の中でこんな言葉を見つけました。

　「配偶者の死を克服する過程において体験される苦悩は、遺された夫や妻達の人間的な成熟を促進させるのです。配偶者の死を乗り越えた時、人間的な成長を遂げていたという事実は、最愛の人を失うという苦悩を克服した者だけに与えられる特権だと思わずにいられません」（河合千恵子、46ページ）。

　「多くの人々は、配偶者の死の苦しみを乗り越え、やがては立派に立ち直ったのです。悲しみは必ず底をつくのです。そして、苦しみを乗り越えた時、今までより人間的に一回り大きく成長した自分と出会うのです」（同、53ページ）。

　「今その渦中にある方にとっては、深い闇の中をあてどもなくさま

第 4 章　遺される人のために

ようようなこの苦しみは、永遠に続く自分だけの過酷な運命としか思えないかもしれません。しかし明けない夜はないように、いつかは光を見出す時が来ます。あなた自身の『喪失の悲嘆を越える道』は、より成熟した明日を迎えるために、必ず用意されているのです」(アルフォンス・デーケン、145 ページ)。

「『喪失の悲嘆を越える道』は、より成熟した明日を迎えるために、必ず用意されているのです」とあります。悲嘆を克服した者に成長、成熟の道があるというのです。今、地上に生きているのは、自分で生きているのではなく、生かされているということです。

人生の下山、今までにない夕陽の美しさに出合うことがあります。見事な朝日にも巡り合うことがあります。登った者が経験する感動と満足感、そして、懐かしい家に戻る憧れ。人生の寂しさの中で真に大切なものを、人との交流の楽しさを、今までに知らなかった神の恵みを、生かされている意味、人生を振り返り、生きてきたことの喜びを、下山しているなかで見いだしているのです。

あとがき——人生を味わう

　私たちは食事の時、目で見て味を想像して、食材を口に運びます。お腹がそれほど空いていなくても、時間が来れば、１日３食の習慣に従っています。ビュフェ形式の食事では、目で見て美味しそうだからたくさん取ってしまい、ついつい食べ過ぎてしまいます。よく味わって料理を食べているでしょうか。たくさん取ってしまうときには、体に聞いてみることです。それを欲しているのかどうか、と。

　食べ物は五感で味わうことができます。目で形と色を見る、香りを嗅ぐ、噛んだ食感を感じる、味わう、食材の名前を聞く。どうしても私たちの食べ方は時間に追われて早くなってしまいがちです。毎日ゆっくりと味わって楽しみたいものです。

　ところで、味わうことは、人生と関係した言葉が使われます。

　辛（から）いは辛（つら）い、苦（にが）いは苦（くる）しい。

　私の終活セミナーでは、味わうというエクササイズをします。小さく切った食材を、出席者の前に置かれた紙皿に載せていきます。それを目をつぶったまま手に取って口に運び、ゆっくりと味わって、その食材の名前を当てるのです。普段食べているものでも、わからない場合があります。そして、そこで何を感じるでしょうか。

　ピーマン、ゴーヤなど苦（にが）いものを味わうとき、これまでの人生の苦（くる）しみにつながるかもしれません。大根は舌に辛（から）さを残します。辛（つら）かったことを思い出すかもしれません。しかし、それらを味わっていくうちに、そこに甘み、旨味を見いだします。塩辛いものは、特に避けられない人間関係、嫌な出来事に結びつくかもしれません。塩辛さにぶつかったとき、これを避けることはできません。それを味わい、受けとめ、最後にそれを飲み込むしかありません。

　目をつぶりながら食材を味わい、そこから人生を味わってみましょう。よく味わってみると、そこに旨味を見いだします。ただ苦い辛いではな

く、美味しさを感じるのです。そこから人生を振り返り、ただ辛かった、苦しかっただけではなく、それらを通して学んだこと、意義があったこと、すべてを益に変えてくださった神を見いだすこともあります。

　後半は甘いものにします。

　レーズンには甘さがあります。収穫の実です。これまで自分は何もしてこなかったと思うかもしれません。しかし、実っているものがあるのです。それを今収穫していると考えることができます。知らない間にあなたの家族や周りに良い影響を与えていて、それが実っているのです。

　最後は甘いミルクチョコレートにしています。最後に甘いものに出合うとホッとします。その甘みが口の中に広がります。詩篇119篇103節に、「あなたのみことばは／私の上あごになんと甘いことでしょう。／蜜よりも私の口に甘いのです」とありますが、甘さが最高のものとして表現されています。

　ところで、私たちは毎日の食事で口の中のどの部分で味を感じているかを意識しているでしょうか。たとえば、苦味は、舌の先ではなく舌の中程で感じます。塩辛さは舌の先端の両サイドです。歯茎では感じません。しかし、甘さは口全体で感じることができます。上の歯茎では塩辛さを感じませんが、「上あごになんと甘いことでしょう」とあるように甘さは感じるのです。

　神が用意しておられるものの最後は、甘い恵みです。もし最後が苦いピーマンだったり、辛い大根だとすれば、それは辛いことです。最後に私たちに用意されているのは神の恵みです。それは口全体に広がる甘いものです。それを味わうのが、終活をしている今なのです。

　これまでの人生の収穫を祝い、神の恵みの豊かさを味わいましょう。

　人生の下山をしていると感じている方々、今が人生で一番良い景色が見られる時です。用意された人生の甘さを享受する時です。「生きてきてよかった」を実感する時なのです。

　『キリスト教の終活・エンディングノート』（いのちのことば社）を出版してから、各地で「キリスト教の終活セミナー」で奉仕しています。

その内容を文章にし、まず、近畿福音放送伝道会の機関誌『福音の光』に1年間連載しました。それに加筆修正したものが本書です。近畿福音放送伝道会の皆さんにお礼を申し上げます。

これまでの歩みにおいて多くの方々にお世話になりました。その方々のおかげでこの本が完成しました。あらためて感謝をお伝えいたします。

2024年8月

水野　健

水野 健（みずの けん）

石川県金沢市出身。
東京理科大学、聖書宣教会卒業後、千葉県の流山福音自由教会、福岡福音自由教会、枚方コミュニティ・チャペル牧師を経て、現在、フリーで各教会を巡回し、奉仕中。
日本カウンセリング学会会員、表千家茶道教室講師、社会福祉法人ミッションからしだね評議員。
著書に、『増補改訂 結婚を考えている二人のために』、『増補改訂 夫と妻のしあわせづくり』、『愛する人と自分のためのキリスト教葬儀』、『キリスト教の終活・エンディングノート』、『クリスチャン・エンディングノート』（以上、いのちのことば社）がある。

講演、セミナーなどのご依頼はメールにて受付。
KHF05412@nifty.com

＊聖書 新改訳2017Ⓒ2017 新日本聖書刊行会

キリスト教の終活のおはなし

2024年12月25日発行
2025年3月20日再刷

著 者	水野 健
印刷製本	いのちのことば社印刷部
発 行	いのちのことば社

〒164-0001 東京都中野区中野 2-1-5
TEL.03-5341-6922（編集）
03-5341-6920（営業）
FAX.03-5341-6921
e-mail: support@wlpm.or.jp
http://www.wlpm.or.jp/

Ⓒ Ken Mizuno 2024　　Printed in Japan
乱丁落丁はお取り替えします
ISBN978-4-264-04523-6

好評発売中！　　水野 健 著

クリスチャン・エンディングノート　ガイド付

だれにでもおとずれる最期をより良いものとするために、そして、「生きてきてよかった」と与えられた恵みを見いだすための「終活」。物、財産等の整理、自分の葬儀の希望、遺された方々への感謝の言葉等を書き込める、キリスト者の死生観に立ったエンディングノート。　　●定価 990 円（税込）

キリスト教の終活・エンディングノート

人生の最期をどのように迎えればいいのだろうか。そのときをより良いものとするために、事前に準備するための「終活」。遺された家族、人々に伝えたいこと、残しておきたいことを整理するための手引きと、実際に書き込むためのエンディングノートの両方を合わせた一冊。　　●定価 1,980 円（税込）

増補改訂　夫と妻のしあわせづくり

よい夫婦関係は、人生最良の宝物。パートナーとの関係をより豊かにするためのヒントが詰まった結婚カウンセリングの好著。　　●定価 1,430 円（税込）

結婚を考えている二人のために（増補改訂）

何のために結婚をするのか。どんな準備が必要なのか。これから結婚を考えるカップルのための結婚前カウンセリングのテキストに最適の書。
　　●定価 1,650 円（税込）

＊重刷の際、価格を改めることがあります。